IHR ERSTES STARTUP

Der Startup Business Guide – Von der Idee bis zur Markteinführung

WAYNE ST. A. WALKER

© Copyright 2017 Wayne Walker, Alle Rechte vorbehalten.

Dieses Buch wurde mit dem Ziel geschrieben, möglichst genaue und zuverlässige Informationen bereitzustellen. Bevor Sie eine der hier empfohlenen Maßnahmen ergreifen, sollten Sie bei Bedarf Fachleute zu Rate ziehen.

Diese Erklärung wird sowohl von der American Bar Association als auch vom Committee of Publishers Association als fair und gültig angesehen und ist in den gesamten Vereinigten Staaten rechtsverbindlich.

Darüber hinaus wird die Übertragung, Vervielfältigung oder Reproduktion eines der folgenden Werke, einschließlich präziser Informationen, als illegale Handlung betrachtet, unabhängig davon, ob sie elektronisch oder in gedruckter Form erfolgt. Die Rechtswidrigkeit erstreckt sich auch auf die Erstellung einer Zweit- oder Drittkopie des Werkes oder einer aufgezeichneten Kopie und ist nur mit ausdrücklicher schriftlicher Genehmigung des Verlages erlaubt. Alle weiteren Rechte vorbehalten.

Die Informationen auf den folgenden Seiten werden im Großen und Ganzen als wahrheitsgemäße und genaue Darstellung von Tatsachen betrachtet, und als solche werden jegliche Unachtsamkeit, Verwendung oder Missbrauch der fraglichen Informationen durch den Leser dazu führen, dass alle daraus resultierenden Handlungen ausschließlich in dessen Verantwortung liegen. Es gibt keine Szenarien, in denen der Herausgeber oder der ursprüngliche Autor dieses Werkes in irgendeiner Weise für Härten oder Schäden haftbar gemacht werden kann, die ihnen nach der Aufnahme der hier beschriebenen Informationen entstehen könnten.

Inhalt

HAFTUNGSAUSSCHLUSS 5

EINLEITUNG: 7

WAYNE WALKER (die Kurzversion) 9

WO SOLL ICH ANFANGEN 13

    Skalierbar 14

    Fokus 17

    Gesprächsthema werden 18

    Gute Leute 20

    Das Mentale 21

WAS IHNEN BERATER NICHT SAGEN WERDEN 25

    Einnahmen 26

    Ausgaben 27

    Freunde – Privatleben 27

    Berater 29

    Internet-Marketing „Experten" 29

ANDERE PRAKTISCHE ANGELEGENHEITEN 31

    Der Geschäftsplan 32

    Rechtliche Fragen 33

    Umgang mit Banken 33

    Ihren Service kostenlos anbieten 34

    Kreditlinien 34

    Partner 35

    IT 35

        Website 36

        Soziale Medien 36

WELCHE ART VON GESCHÄFT 39

NÄCHSTER SCHRITT 43

    Wenn Sie bereit sind zu beginnen – Kontaktieren Sie mich 44

SWOT-ANALYSE 45

    Standort des Hauptsitzes 46

        Schwächen 46

        Chancen 47

        Bedrohungen 47

        Vision 48

PROFIL DES AUTORS 49

HAFTUNGSAUSSCHLUSS

Die in diesem Leitfaden enthaltenen Ratschläge und Strategien basieren auf meinen persönlichen geschäftlichen Erfahrungen und Meinungen und sind möglicherweise nicht für Ihre Situation geeignet.

EINLEITUNG:

Meine Motivation, diesen Leitfaden zu schreiben, ist ähnlich wie bei meinen anderen Arbeiten. Aus meiner praktischen Erfahrung weiß ich, dass man <u>nicht</u> 200 Seiten braucht, um jemandem zu erklären, wie man etwas erfolgreich macht. Als Inhaber eines profitablen Unternehmens weiß ich auch, dass ich keine 200 Seiten brauche, um Ihnen die Essenz der Führung eines Unternehmens mitzuteilen. Manche sind vielleicht anderer Meinung, aber das Kümmert mich nicht. Ich bin überzeugt von Gandhis Zitat: „eine Unze Übung ist mehr wert als eine Tonne zu predigen".

WAYNE WALKER
(die Kurzversion)

Damit meine Worte und Ideen mehr Bedeutung für Sie haben, ist ein schneller Überblick über meinen Hintergrund unerlässlich. Ich bin Geschäftsführer und Eigentümer von GCMS, einem Beratungsunternehmen für Kapitalmärkte und Schulungsunternehmen.

Das ist keine Autobiographie (dafür bin ich viel zu jung). Die schnelle Version, geboren in Jamaika, W.I. und aufgewachsen in New York City, bei Eltern, die das Beste taten, was sie konnten mit den Werkzeugen, die sie hatten. Wie viele andere ihrer Generation haben sie sich aufgeopfert, damit ihre Kinder Chancen haben, die ihnen nicht zur Verfügung standen, und dafür bin ich ihnen für immer dankbar. Ich besuchte die Universitäten in Buffalo, New York und San Diego, Kalifornien.

Ich lebe derzeit in Europa, das ein Abenteuer für sich ist und Material für meinen dritten Reiseführer bietet. Ich dachte, der Sozialismus sei vom Planeten verschwunden, aber zu meinem Erstaunen ist er lebendig und wohlauf, und ermöglicht so *manchem* Menschen eine freie Fahrt, weil für ihn alles „frei" ist.

Vor meiner Firmengründung war ich Teamleiter von Investment Beratern bei der Saxo Bank (Kopenhagen), einem der Pioniere im Online-Investmentbanking und im elektronischen Handel. Es war ein wirklich besonderer Ort zum Arbeiten. Jeder Tag war wahrhaftig besser als der Vortag. Die Menschen haben gute und in einigen Fällen sehr großzügige Gehälter erhalten.

Ich war der 140. Angestellte in einer Bank, die bei meinem Rücktritt auf etwa 1,500 gewachsen war. Es ist unnötig zu erwähnen, dass ich viele neue Menschen kennenlernte. Die Leute, die ich getroffen habe, waren einfach unglaublich. Ich arbeite immer noch mit vielen Ex-Saxo-Jungs an Projekten zusammen.

Wir haben hart gearbeitet und hart gespielt. Ja, es waren einige sehr lange Tage dabei, aber ich/meine Familie genossen auch gerne die Früchte davon, so dass es etwas spät ist, sich zu beschweren. Die Herausforderungen des Familienlebens sind ein Teil des Investmentbanking-Lebensstils, den ich bei jeder Gelegenheit ausgekostet habe. Ich hielt Seminare in der wunderschönen Karibik, trainierte Citi - FX-Mitarbeiter in London, gab sogar Seminare in Hollywood. Das Nachtleben bleibt dabei jedoch ein geschlossenes Buch.

Meine Zeit bei der Saxo Bank war eine immense Lernzeit, und am Ende bin ich im Guten zurückgetreten und, wer weiß, vielleicht werde ich in Zukunft mit ihnen wieder zusammenarbeiten.

Die Gründung eines Unternehmens war ein Traum von mir und mit meinem Ersparten wagte ich den Sprung allein.

WO SOLL ICH ANFANGEN

Skalierbar

Ihre Idee, was auch immer Sie im Sinn haben, muss skalierbar sein. Das bedeutet, dass Sie in Ihrem Unternehmen eine Bestellung über 1,000 Einheiten mit fast der gleichen Leichtigkeit wie eine für 100 bearbeiten können. Ich nehme mir hier etwas Freiheit mit den Zahlen, aber der Punkt ist, dass sie in der Lage sein sollte, sich zu erweitern, ohne stets ein Verhältnis von 1:1 zu benötigen. Wenn Sie also 10 Bestellungen erhalten, benötigen Sie 10 Mitarbeiter und so weiter.

Das Geheimnis der Saxo Bank? Sie meisterten die Kunst des Skalierens.

Ist Ihre Idee skalierbar? Sie können nicht davor davonlaufen. Solange Sie Ihre Idee nicht skalieren können, haben Sie kein Unternehmen, sondern einen Job geschaffen. Wenn Sie dies noch nicht herausgefunden haben, behalten Sie Ihren Tagesjob, bis Sie einen richtigen Plan haben.

Am Beispiel von GCMS begann ich als ein-Mann-Betrieb in der EU, zusammen mit Mitarbeitern in der Karibik, die den Betrieb und das Back-Office leiteten. Wir begannen mit Seminaren, die bereits eine Form der Skalierung sind. Ein Seminar ermöglicht es mir, viele Kunden gleichzeitig zu betreuen. Sie direkt eins zu eins zu unterrichten ist einfach nicht durchführbar. Es sei denn natürlich, Sie haben die Situation, in der jeder Kunde Tausende von Dollar zahlt und Sie eine Menge von ihnen haben.

Überprüfen Sie Ihre Idee und wie Sie sie verbreiten können, ohne dass es notwendig ist, 24/7 damit beschäftigt zu sein. Eine der einfachsten Möglichkeiten zur Skalierung besteht darin, einen Mitarbeiter zu haben oder leistungsbasierte Berater anzustellen. Sie können Ihre Idee schneller verbreiten, als Sie es je allein könnten. Diese Personen haben auch ihre Netzwerke, die zum Nutzen aller genutzt werden können. Im Fall von GCMS hatte ein Berater in unserem Team viele Medien- und Universitätskontakte. In der Startphase war dieser freie Zugang zu Medien ein großer Segen für uns (mehr dazu später).

Denken Sie an die ganze Welle der Internet-Unternehmer, die im Laufe der Jahre Vermögen gemacht haben, denn sie haben ihr Konzept skaliert. Eine Website funktioniert 24/7, nimmt Bestellungen an, während Sie schlafen, Ski fahren oder feiern. Ich denke, Sie verstehen, worauf ich hinauswill.

Egal ob Sie ein großer Bankier, Webmaster, Masseur oder Koch sind, solange Sie Ihre Ideen nicht ohne viel persönliches Engagement verbreiten können, behalten Sie Ihren Job und ersparen Sie sich und Ihrer Familie den Stress.

Spezialisierter handgefertigter Schmuck zum Beispiel ist sehr schwer zu skalieren. Um hier fair zu sein, es ist keine unmögliche Idee, denn wenn Ihr Name berühmt genug ist und Sie jedes Stück für eine Million Dollar Gewinn verkaufen können, dann ist Skalierung kein Thema. Leider haben jedoch die meisten von uns nicht diese Art der Aufmerksamkeit, die benötigt wird, um teuren Schmuck mit Leichtigkeit zu verkaufen.

Dieses Konzept klingt vielleicht einfach, aber es ist wichtig, sonst ist es wirklich schwierig, weiterzugehen. Ich teile hier meine persönlichen Erfahrungen mit meinem eigenen Unternehmen, dass in vielen Teile skalierbar ist, aber nicht zu 100 %. Das ist eine Herausforderung, an der auch ich arbeite.

Es gibt dafür viele praktische Beispiele in der realen Welt, zum Beispiel Fast-Food-Restaurants. Wenn ein lokales Franchise von 100 Burger auf 200 Burger pro Stunde springt, stellen sie keine zusätzlichen 100 Mitarbeiter ein.

Die gute Nachricht ist, dass es viele Ideen gibt, die vor allem mit dem Internet skaliert werden können. Sie brauchen auch kein großes Kapital. Viele Leute haben das Reselling-Konzept erforscht und es hat sich für sie gelohnt, bei dem sie eine Website mit einem automatischen Abrechnungssystem erstellt haben das 24 Stunden am Tag Produkte verkauft. Daher erfordern 100 Bestellungen oder 1,000 den gleichen Aufwand.

In meiner Firma GCMS leben wir diese Prinzipien, indem wir unsere e-Guides skalieren. Auf der Webseite haben wir 24/7 für Bestellungen geöffnet und sie werden bearbeitet, ohne dass ich Tag und Nacht an meinem Computer sitze. Wir haben ein Bestellformular, das die erforderlichen Informationen enthält, und eine automatische E-Mail, die zurückgesendet wird.

In unseren Kursen können wir so 25-40 Personen mit der gleichen Anzahl von Ausbildern unterrichten, während wir unser Qualitätsniveau beibehalten.

Fokus

Man kann nicht jeden glücklich machen, und dies ist im Geschäftsleben ebenso wahr. Der Versuch, sich im selben Restaurant auf italienisches und chinesisches Essen zu spezialisieren, ist ein Rezept für einen Fehlschlag (ich habe dieses Restaurant auf meinen Reisen durch Amerika gesehen).

Sie müssen einen Bereich finden, in dem Sie Menschen einen Mehrwert bieten können. Entweder durch ein Produkt oder einer Dienstleistung (die natürlich skalierbar ist).

Ich habe einen Freund, der ein Unternehmen besitzt, in dem er sich auf fast jede Art von Kunst (Audio, Möbel, Gemälde, etc.) „spezialisiert" hat. Ich habe wiederholt vorgeschlagen, dass er zuerst einen Bereich findet, in dem er sich hervorragend auszeichnen kann, und dann den Kunden die anderen Dinge vorstellt, in denen er gut ist. 10 Jahre seit dessen Gründung ist es nicht über einen Hobby-Status hinausgewachsen, in Bezug auf die Einnahmen.

Es ist schwierig, Beispiele für den Erfolg von Unternehmen zu finden, die zunächst versuchten viele Märkte gleichzeitig zu erobern. Denn die meisten finden zunächst heraus, dass eine Region, ein Produkt oder eine Dienstleistung gut ist, und dann im Laufe der Zeit bieten sie eine weitere Dienstleistung an.

Laut meiner Erfahrung mit GCMS waren wir erst nachdem wir uns auf etwas konzentrierten zu besseren Ergebnissen gekommen. Zuerst waren wir überall und versuchten, alle Märkte zu bedienen. Lernen Sie aus meinen verschwendeten Bemühungen, Geld und Zeit. Sie müssen sich fokussieren, fokussieren und fokussieren.

Es war der Erfolg unseres Trading Diploma Programms, der uns den Anstoß gab dann auch von anderen außerhalb des Universitätsmarktes beachtet zu werden. Wir unterrichten an führenden Universitäten, aber ein großer Teil unserer Teilnehmer sind keine Studenten. So halfen sie uns, über word of mouth in die Fachwelt zu expandieren.

Dieser Guide ist ein weiteres Beispiel für Fokus, denn ich glaube, dass es einen Markt für Menschen gibt, die Dinge lernen wollen, bei denen man direkt auf Punkt kommt. Ich bin kein Universitätsprofessor, aber ich habe Praxiserfahrungen, die geteilt werden können, ohne dass jemand ein Leben lang studiert haben muss. Deshalb erstelle ich praxisnahe Anleitung, die in Minuten oder wenigen Stunden gelesen werden kann. Der Vorteil besteht darin, dass sie sofort als praktisches Referenzmaterial für diejenigen verwendet werden können, die diese Handbücher erwerben. Nachdem das Diplom-Programm ein Erfolg wurde, konnten wir e-Guides, CV-Dienstleistungen, etc. veröffentlichen.

Gesprächsthema werden

Menschen zu haben, die über Sie oder Ihr Unternehmen sprechen, ist langfristig der Schlüssel zum Profit. Auch wenn es bedeutet, am Anfang weniger Geld zu verdienen. Das GCMS-Beispiel ist klassisches, einfaches Mundpropaganda-Marketing. Wir besaßen unsere Inhalte, aber leider hatten wir keine Millionen, die wir für Werbung verwenden konnten.

Also konzentrierten wir uns zunächst darauf, ein gutes Produkt zu liefern, das die Nutzer ihren Freunden empfehlen/teilen möchten. Der erste Schritt, den wir gemacht haben, war, Partnerschaften mit Gruppen, die Zugang zur weiteren Verteilung hatten zu etablieren. Unser erster Partner war das University College of the Caribbean. Sie gaben uns Zugang zu Finanzexperten in ihrer Region, ohne dass wir Geld für Marketing ausgeben mussten.

Unser nächster Partner war das Finance Lab in Kopenhagen, das uns mit Studenten verbinden konnte, zunächst in Kopenhagen und später im Rest Dänemarks. Diese Verbindungen gaben uns sofort Reichweite und brachten die Leute dazu, über uns zu sprechen. Es gibt keine Wunder über Nacht, es braucht am Anfang Zeit, aber sobald man ein wenig Schwung bekommt, kann es wirklich schnell losgehen. Das ist eine wichtige grundlegende Technik, die wir mit vielen Gruppen replizieren. Dies führt zu einem organischeren Wachstum für Ihr Unternehmen, aber es braucht Zeit. Natürlich muss der Service den Kunden auch einen Mehrwert bieten, denn ohne kann Sie auch keine Gruppe, keine Verbindung oder kein Marketing langfristig retten.

Berichterstattung in der Presse ist am besten für sofortige Aufmerksamkeit. Nachdem einige Artikel über GCMS in verschiedenen Zeitungen erschienen, sprangen die Besuche auf unserer Website um über 400 %.

Die eine Sache, die am Anfang jedoch eine komplette Verschwendung von Zeit und Geld war, war der Versuch, in Zeitungen, Online-Anzeigen, etc. Werbungen zu schalten. Hören Sie auf mich und die vielen anderen, die diesen dummen Fehler gemacht haben...sparen Sie

Ihr Geld für andere Dinge. Die so genannten Internet-Marketing "Profis" & Gurus vergessen Sie sie, es sei denn, sie können Ihnen Geschäfte zeigen, die von den von ihnen vorgeschlagenen Techniken profitieren. Mehr zu diesen Jungs später im Handbuch.

Seth Godin, Autor von *Purple Cow*, betont, dass es im Kern darum geht, Menschen bei der Erreichung ihrer Ziele zu unterstützen, so dass diese im Laufe der Zeit ein persönliches Interesse daran haben werden, Ihnen zu helfen, Ihre Ziele zu erreichen. Ich kann Ihnen aus meiner Erfahrung nur bestätigen, dass dies wahr ist.

Um es nochmals zu betonen, hier werden nur Dinge diskutiert, die ich persönlich getan habe und die tatsächlich für GCMS funktioniert haben oder die ich gesehen habe, wie ich für andere funktioniert haben. Am Ende des Leitfadens werde ich Ihnen meine Kontaktdaten geben und ich bin gerne bereit jeden Vorschlag, den ich Ihnen gegeben habe zu besprechen und zu bestätigen.

Gute Leute

Am Anfang ist es entscheidend, sich mit fähigen und positiven Menschen zu umgeben. Ein Unternehmen zu starten ist, sagen wir es direkt heraus, hart, auch wenn Sie die "perfekte" Idee haben. Menschen zu haben, die sagen, was gesagt werden muss, ohne Angst zu haben, ist ein Geschenk, das wertvoller als jedes Geld ist. Die kostenlosen, aber unschätzbaren Ratschläge, die meine guten Freunde und unser Beirat mit mir teilten, waren großartig.

Eliminieren Sie ohne Gnade alle negativen Menschen aus Ihrem Umkreis. Verwechseln Sie dies jedoch nicht mit konstruktiver Kritik.

Meine Regel bei den Menschen ist, dass man, wenn man Kritik übt, einen alternativen Vorschlag haben muss. „Ihre Website ist Müll" zu sagen, ist nutzlos, es sei denn, Sie haben konkrete Vorschläge, wie Sie sie verbessern können. Noch besser, beeindrucken Sie mich mit Ihrer Website, die alle Funktionen, die laut Ihnen fehlen, enthält.

Ich hatte Leute, die mir nahe waren, die wahrscheinlich am allermeisten von den Ergebnissen meiner neuen Firma profitieren würden. Doch anstatt eine Säule der Unterstützung zu sein, verschwendeten sie ihre und meine Zeit, indem sie nur negativ waren. Eine Warnung an angehende Unternehmer, Sie sind auf sich allein gestellt. Um fair zu sein, es ist nicht die Aufgabe Ihrer Freunde oder Familie, Ihr Unternehmen zu retten. Wenn sie Ihnen helfen, großartig, aber sie sind meiner Meinung nach nicht verpflichtet, Ihnen zu helfen. Aber falls Sie es tun, sollten Sie Ihnen nicht im Weg und kein Ärgernis sein.

Das Mentale

Niemals, niemals aufgeben. Wie einige kluge Leute bereits richtig gesagt haben, geben Sie entweder direkt am Anfang auf oder Sie müssen die Reise bis zum Ende durchziehen. Wenn Sie eine Veränderung in Ihrem Leben starten, wie die Gründung eines Unternehmens, dann sollten Sie Turbulenzen erwarten, denn sie sind Teil des Prozesses.

Einfach ausgedrückt, werden Sie Zeit, Geld und Mühe geopfert haben, ohne irgendwelche Gewinne zu erhalten, wenn Sie auf halbem Weg aufgeben. Es wird dunkle Tage geben, in meinem Fall waren es viele, aber der Glaube an mich und meine Idee hielt mich in der Spur. Wenn

Sie nicht aufgeben, werden Sie feststellen, dass die Opposition (negative Menschen und Gedanken) im Laufe der Zeit verblassen wird. Und die selbstzerstörenden Tendenzen, die viele von uns haben, werden schwächer werden.

Diese mentale Disziplin muss trainiert und entwickelt werden. Ihr mentaler Zustand ist am Anfang die wichtigste Komponente. Viele Leute, wenn sie über den Beginn eines Geschäfts sprechen, konzentrieren sich auf den Geschäftsplan und übersehen dabei ihren geistigen Plan. Machen Sie diesen Fehler nicht.

Denken Sie bei Ihrem Weg zu Ihrem Ziel daran, dass, nur weil die Dinge nicht genau nach dem Zeitplan geschehen, es kein Zeichen des Scheiterns ist. Für viele kam der Erfolg nach genau dem Punkt, an dem sie dachten, die Dinge seien hoffnungslos verloren. Es war nicht ganz so dramatisch in meinem Fall, aber die Dinge begannen sich erst weit nach meiner persönlichen Deadline zu ändern, die ich ursprünglich für die Profitabilität des Unternehmens gesetzt hatte.

Sie müssen sich zwei Fragen stellen und sehr gute Antworten darauf haben, bevor Sie den ersten Schritt wagen:

1 - Haben Sie Angst, Fehler zu machen?

Sie werden eine Menge davon machen. Wenn dies ein Problembereich für Sie ist, suchen emotionale Beratung vor dem Start.

2 - Wie weit sind Sie bereit zu gehen, um Ihre Idee bis zum Ende durchzuziehen?

Die Gründung eines Unternehmens wird Sie auf jede erdenkliche Weise testen, also seien Sie vorbereitet.

Konkrete Dinge, die ich getan habe, um geistig fit zu bleiben:

Trainieren

Es ist das beste High der Welt. Nach einer schweren Trainingseinheit im Fitnessstudio habe ich persönlich die körperliche und geistige Energie, um weiterzukämpfen. Sie können sich Ihren Sport aussuchen, aber bewegen Sie unbedingt Ihren Körper. Viele Studien behaupten, dass eines der wenigen Dinge, die nachweislich die Gehirnleistung steigern, Bewegung ist. Ich bin eindeutig ein Gläubiger.

Schreiben

Zu Schreiben gab mir eine Gelegenheit, meinen Geist für ein paar Stunden freizubekommen. Es ist auch eine großartige Möglichkeit, zu lernen, wie man seine Gedanken in eine Struktur zusammenfügt.

Lesen

Im ersten Jahr der Firma flog ich oft zwischen Nordamerika und Europa, das eine Menge „toter" Stunden mit sich brachte. Geschichten darüber zu lesen, wie andere ihre Schwierigkeiten überwunden haben, war eine große mentale Hilfe. Obwohl alle unsere Geschichten einzigartig sind, haben andere ähnliche Herausforderungen wie wir bereits bewältigt, und es ist gut, von ihnen zu lernen. Das wird Ihnen viel Zeit und Fehler ersparen. Wie bereits erwähnt, lesen Sie von denen, die es getan haben, die Theorie ist für den Hörsaal.

WAS IHNEN BERATER NICHT SAGEN WERDEN

Einnahmen

Vor kurzem las ich einen Artikel, in dem behauptet wurde, dass es eine Gefahr ist zu viel Geld zu haben, wenn man eine Firma gründet. Darin gab es einige valide Punkte, aber wenn ich am Anfang mehr gehabt hätte, hätte ich definitiv besser geschlafen.

Seien Sie für Einkommensschwankungen, die jeden anderen Spieler abschrecken würden, bereit. Am Anfang mag es gar kein Einkommen geben. In meinem Fall gab es erst nach dem ersten Jahr positives Einkommen. Also, natürlich gab es Einnahmen, aber die Ausgaben übertrafen sie durchgehend. Dann, als es zu fließen begann, gab es teils riesige Sprünge, die sich dann langsam ausgeglichen hatten.

Wie bin ich damit umgegangen? Ich habe von meinen Ersparnissen und der Schauspielerei und dem Modeln gelebt. Ich hatte das Glück, dass ich viele Jahre lang gemodelt habe. Das Danish Royal Theater rief mich für eine Nebenrolle an und ich ergriff die Chance. Es war kein Millionengehalt, aber es deckte viele meiner Ausgaben.

Jeder mögliche Geschäftsinhaber, besonders die mit begrenzten Mitteln, sollten stets eine Möglichkeit zum Überleben in der Hinterhand haben, bis Ihre Firma abhebt. Es ist keine Schande, Burger zu braten, wenn es das Dach über dem Kopf sichert. Es gibt so viele Geschichten von Menschen, die während der mageren Zeiten monatelang auf den Sofas ihrer Freunde schliefen, seien Sie also darauf vorbereitet.

Wir leben in wunderbaren Zeiten, in denen es dank des Internets nicht viel Kapital braucht, um ein Unternehmen zu gründen. Da die

Eintrittsbarriere gesenkt wurde, bedeutet dies jedoch auch, dass sich der Wettbewerb verschärft hat.

Ausgaben

Behalten Sie sie im Auge, da sie ein Killer sein können. Wenn Sie Mitarbeiter haben, dann ist eine weitere Ebene der Wachsamkeit erforderlich. Nicht, dass diese böse Absichten haben, sondern eher, dass sie nicht die gleiche Investition in das Unternehmen haben wie Sie. Dies führt in einigen Fällen dazu, dass sie mit Geschäftspartnern viel entspannter umgehen als Sie sich damit wohlfühlen. Zum Beispiel werden sie mehr bestellen, als benötigt wird oder etwas, das einfach nicht benötigt wird.

Freunde – Privatleben

Seien Sie darauf vorbereitet, allein zu sein. Seien Sie darauf vorbereitet, allein zu sein. Das ist kein Tippfehler, ich wollte sicherstellen, dass der Punkt ankommt. Wenn Sie Probleme haben, Zeit allein zu verbringen, behalten Sie Ihren Tagesjob und gehen Sie nach Hause zu Ihrer Familie.

Der Großteil Ihrer „Freunde" werden schneller verschwinden, als Sie jemals glauben werden. Seien Sie auf die Menschen vorbereitet, die sagen: „Sie können auf mich zählen", „rufen Sie mich an, wenn Sie etwas brauchen" und einfach verschwinden. Vergessen Sie es, 98 % meinen es einfach nicht ernst.

Ihre echten Freunde, die wenigen, die übrig bleiben (die 2%), können Ihre Arbeit nicht für Sie erledigen und es ist auch nicht ihre Verantwortung.

Was Ihre Familie angeht, erwarten Sie auch von hier nicht zu viel Unterstützung. In meinem Fall war mein Bruder einer der ersten Unterstützer meiner Idee und ich bin ihm dankbar, dass er mich von Anfang an unterstützt hat.

Für diejenigen, die verheiratet sind, benötigen Sie natürlich 100% Unterstützung von Ihrem Ehepartner oder machen Sie sich für Turbulenzen zu Hause bereit.

Sie werden viele Stunden und in einigen Fällen Tage allein verbringen, in denen Sie das Gefühl haben, dass alles eine Verschwendung ist. Doch verbittert oder traurig zu werden, ist Zeitverschwendung. Verwenden Sie die oben genannten Tools, um damit umzugehen. Sport ist mein Favorit und er steigert auch Ihr Selbstwertgefühl.

Ihr Privatleben wird davon ebenfalls betroffen. Im Grunde hatte ich keines, ich glaube, dass ich für über ein Jahr kein einziges Date hatte. Jedoch war ich eigentlich ziemlich glücklich darüber, da es mir eine Chance gab, mich zu konzentrieren. Ich muss zugeben, dass es natürlich großartig gewesen wäre, einen Partner dabei zu haben, mit dem einige der Momente teilen hätte können. Ich bin mir sicher, dass auch einige meiner Freunde wahrscheinlich begannen, sich um mich zu sorgen, aber es ging mir gut. Diejenigen von Ihnen mit Freundinnen/Freunden, seien Sie sehr vorsichtig. Wenn es eine bestimmte Zeit gibt, in der man Gefahr läuft, sich zu trennen, dann ist es diese.

Berater

Laufen Sie vor diesen Clowns weg, als ob Ihr Leben davon abhinge. <u>Es sei denn</u>, sie haben das getan, worüber sie beraten. Ich möchte nicht zu viel verallgemeinern, doch die Mehrheit der Berater ist absolut nutzlos. Sie kommen mit vielen Grafiken, Power Point Präsentation und all den idiotischen populären Buzzwords. Doch wenn es um Ergebnisse geht (das Einzige, was zählt), fehlen diese oft.

Ich hatte das Glück, einige der guten Leute zu treffen und ich teile Ihre Dienste gerne mit anderen, da ich weiß, dass diese Menschen Ergebnisse liefern können.

Internet-Marketing „Experten"

Berater sind riskant, aber diese Internet-Jungs sind die schlimmsten. Vergessen Sie sie, Punkt. Arbeiten Sie nur mit denjenigen zusammen, die ein Unternehmen geführt haben, das Gewinn erzielt/erzielt hat. Ignorieren Sie all den Unsinn über große Werbekampagnen, wenn Sie Inhaber eines Kleinunternehmens sind.

Der Weg zum Markt ist der, Thema zu sein über das gesprochen werden muss. Mundpropaganda ist mit Abstand das Beste. Diese „Profis" werden versuchen, Ihnen etwas anderes zu sagen, aber ich kann aus echter Geschäftserfahrung bestätigen, dass dies der einzige Weg ist, ein Unternehmen aufzubauen. Wenn es Ihr Ziel ist, alle paar Monate ein neues Geschäft zu erschaffen, dann könnte dies nicht die Strategie für Sie sein, da es Zeit braucht, um ein solides Geschäft aufzubauen. Gehen Sie die Techniken durch, die ich zuvor besprochen habe, und verwenden Sie Partner, die Ihnen Zugriff auf ihr Netzwerk gewähren können.

Berater aller Art müssen in der Lage sein, Ihnen Beispiele dafür zu zeigen, wie diese Expertise oder Brillanz, die sie behaupten zu haben, anderen oder sich selbst bereits geholfen haben. Vorzugsweise im gleichen oder verwandten Sektor wie ihr Geschäft.

Und eine andere persönliche Anmerkung: Mein Vater führte ein erfolgreiches Steuerberatungsgeschäft von unserem Familienhaus in New York City aus, ohne Skalierung. Wie hat er das gemacht? Er skalierte seine „Werbung". Mein Vater hat in über 20 Jahren des Geschäfts nie einen Dollar für Werbung ausgegeben. Seine Kunden überschütteten ihn mit Empfehlungen (wegen des ausgezeichneten Service und der fairen Preise), und er musste oft Leute wegen geschäftlicher Überlastung ablehnen. Erstaunlicherweise hat er das ohne das Internet oder irgendwelche „Marketing-Gurus" getan.

Also, gibt es nun keinen Widerspruch in meinen Konzepten, denn als ich sagte, dass er gezwungen war Kunden abzulehnen, war dies nur da er nicht skaliert hatte. Obwohl er finanziell gut aufgestellt war, gab es für ihn nur so viele Möglichkeiten zu wachsen. Der Weg nach vorn für ihn war natürlich, einige Dienste ins Internet zu stellen und Mitarbeiter einzustellen, die bei einigen der Routinearbeiten helfen.

ANDERE PRAKTISCHE ANGELEGENHEITEN

Der Geschäftsplan

Die meisten Bücher oder Berater werden Ihnen sagen, einen zu schreiben, und Banken werden ihn verlangen. Meine Meinung dazu ist wie beim Investieren, es ist sehr persönlich. Es schadet nicht, da er bei der Planung hilft, aber ich bin überzeugt vom Ansatz, einfach loszulegen. Denn sonst werden Sie den Rest Ihres kostbaren Lebens damit verbringen, auf den „perfekten" Moment zu warten. Vertrauen Sie mir, Sie werden diesen Clowns, die keine Leistung gebracht haben und immer noch auf diesen magischen Moment warten, mehrfach begegnen. Untersuchen Sie ihr Leben und in der Regel haben sie nicht viel nach dem Schulabschluss erreicht. Viele von uns haben erstaunliche Ideen, aber weil wir Angst haben zu scheitern, versuchen wir es nicht einmal.

Ich würde Ihnen zumindest eine SWOT-Analyse empfehlen, Sie müssen keinen 50-seitigen Businessplan schreiben (den nur wenige jemals durchlesen). Für diejenigen, die BLW übersprungen haben, SWOT = (Stärken, ist es skalierbar?, Schwächen, Chancen, Bedrohungen). Das ist der große Realitätscheck für *Sie*, nicht für die Bank oder Ihre Freunde.

Wie man so schön sagt: „Denken Sie groß, aber beginnen Sie klein". Genau dies ist der richtige Weg für Viele, es sei denn, Sie haben sehr tiefe Taschen. Doch selbst wenn Sie diese haben, würde ich vorschlagen, klein zu beginnen.

Rechtliche Fragen

Holen Sie sich alle notwendigen Genehmigungen, bevor Sie in Schwierigkeiten geraten. Später, wenn Sie eine Finanzierung suchen, dann ist es gut, diese bereits zu haben. Einige mögen sagen, dass Sie sich auch einen Anwalt suchen sollten, und je nach Art des Unternehmens, das Sie starten möchten, kann es eine gute Idee sein. Wenn es sich um eine Partnerschaft handelt oder Sie Geld von Dritten für den Handel oder ähnliches verwalten, dann holen Sie sich unbedingt einen Anwalt oder Notar. Wenn Sie eine gute skalierbare Idee haben, die Sie handhaben können, dann sage ich, starten Sie einfach. Das eine Thema, das ich nicht oft genug wiederholen kann, ist, Anzufangen, und sich um die Dinge kümmern, sobald Sie aufkommen, denn der magische Moment existiert nicht.

Ein Anwalt kann optional sein, aber ein Buchhalter ist es nicht, Sie müssen einen haben. Unser Buchhalter hat uns Tausende Dollar gespart und uns geholfen, auf Kurs zu bleiben. Ich gebe gerne zu, wie die meisten Inhabertypen, bin ich kein Fan von diesem Aspekt des Geschäfts, aber er muss erledigt werden. Glücklicherweise gibt es Millionen von Menschen auf der Welt, die gerne Steuercodes betrachten und sich um Vorschriften kümmern.

Umgang mit Banken

Das ist ein weiterer potenzieller Bereich der Enttäuschung. Aufgrund der Horrorgeschichten, die ich von anderen Inhabern gehört habe, frage ich mich oft, welchem Zweck Banken dienen.

Ich muss zugeben, dass ich mein Geschäft zum wahrscheinlich schlimmsten Zeitpunkt der modernen Finanzgeschichte, im Herbst 2008, begründet habe. Selbst mit ausgezeichner Bonität, Geld in der Bank, als langjähriger Kunde, wurde mir schnell ein Geschäftskredit verweigert. Bei anderen Banken wollten sie nicht einmal ein Beratungsgespräch anbieten. Sie wollten eine sichere Sache, doch die Gründung eines Unternehmens ist weit davon entfernt. Ich habe mein Bestes versucht, es nicht persönlich zu nehmen, weil man dies auch nicht sollte, aber es war dennoch eine bittere Erfahrung.

Mein Rat, wenn Sie einen Kredit benötigen, versuchen Sie es einfach. Nur weil ich ein Nein erhalten habe, müssen Sie kein Nein erhalten.

Ihren Service kostenlos anbieten

Vergessen Sie es! Selbst wenn Sie nur einen Dollar berechnen, ist es besser als kostenlos. Die Leute können kostenlose Services einfach nicht schätzen, und wenn man dann versucht, für etwas, was kostenlos war, eine Gebühr zu verlangen, wird es unschön. An einem Punkt überlegte ich, meinen ersten E-Guide zu verschenken, aber nichts passierte. Also fing ich an ihn zu verkaufen, und Leute begannen ihn zu kaufen.

Kreditlinien

Unmöglich. Das Anbieten von Kreditlinien kann Ihr junges Unternehmen zu einer Geisel für alle Arten von Privat- und Firmenkunden machen. Bei GCMS hatten wir einige unangenehme Erfahrungen mit Privatkunden. Als die Zahlungen via Vorauskasse zunahmen, gingen die Bauchschmerzen zurück.

Partner

Wählen Sie sie so sorgfältig wie Ihren Ehepartner. Meine Erfahrung mit Partnern war bisher ziemlich gut. Jedoch sollte man sich der sogenannten Serienunternehmer bewusst sein. Da ihr Engagement fragwürdig sein kann, arbeiten Sie lieber mit Menschen zusammen, die bereit sind den langen steinigen Weg mit und für Sie zu beschreiten.

Seien Sie ebenfalls besonders vorsichtig mit wem Sie Ihre Ideen teilen. Leider musste ich eine unangenehme Erfahrung erleben, als ich eine Schlüsselkomponente von GCMS mit einigen potenziellen Geschäftspartnern teilte. Sie erwiderten, dass meine Idee zwar gut war, sich aber nicht verkaufen ließe. Einen Monat später haben sie dann ein Unternehmen auf Basis meiner *niemals* funktionierenden Idee gegründet.

Ein rechtlicher Vorschlag:

Wenn Sie eine großartige Idee haben, schreiben Sie sie auf und schicken Sie sie an sich selbst. Das Datum auf dem Poststempel kann sich bei Streitigkeiten im Zusammenhang mit geistigem Eigentum als entscheidend erweisen, da SIE nun nachweisen können, dass Sie die Idee zuerst hatten. Denken Sie jedoch daran, den Umschlag versiegelt zu behalten. Kleben Sie bei Bedarf einfach eine Post-it-Notiz mit den darin enthaltenen Informationen darauf.

IT

Meine persönliche Schwäche, also habe ich hier Beratung gesucht. Grundsätzlich habe ich alle Daten auf mehreren Computern und auch online gesichert. Alles, was Sie benötigen, ist eine Erfahrung mit Datenverlust, um die wichtigste Lektion zu lernen. Nutzen Sie meine Erfahrung, und machen Sie häufige Backups.

Ich empfehle Ihnen auch dringend, zwei Laptops zu besitzen, wenn Sie weit weg von zu Hause unterwegs sind. Ich befand mich in Situationen, in denen sich Computer plötzlich weigerten zu starten oder Verbindungen mit Projektoren usw. nicht mehr funktionierten. Dieses zusätzliche Notebook erwies sich als Lebensretter.

Website

Ihre Website muss über ein CMS (Content Management System) verfügen. Dadurch können Sie den Großteil der Website selbst aktualisieren, wodurch potenzielle Engpässe vermieden werden. Das CMS bietet Ihnen außerdem Zugriff auf die Verkehrsdaten der Website (wer, von wo aus, in welcher Sprache, welche Seiten wurden angesehen, usw.). Dies kann Ihnen bei Ihrer Marketingstrategie helfen.

Soziale Medien

Das ist ein kniffliges Thema. Wenn Sie planen, einen Nachtclub, ein DJ-Geschäft, ein Café usw. zu betreiben, dann könnten Facebook, Twitter usw. hilfreich sein. Aber wie ich bereits erwähnt habe, seien Sie vorsichtig bei diesen „Gurus", die Ihnen sagen, dass Sie überall vertreten sein müssen. Der einzige Service, der für mich einen gewissen Wert liefert, ist LinkedIn. Dort herrscht mehr Professionalität vor und Sie vermeiden viele der Dummheiten und dem Spam anderer sozialer Medien.

Ich schlage vor, dass sich Unternehmer auf Ihre persönlichen sozialen Medien konzentrieren sollten, insbesondere indem sie sich bei Netzwerkveranstaltungen teilnehmen. Dann können Sie Menschen auf Ihre Website führen. Mundpropaganda ist auch im 21. Jahrhundert immer noch wichtig.

Denken Sie an die Punkte, die ich zu Beginn angesprochen habe, und konzentrieren Sie sich darauf, so werden Sie Gesprächsthema. Ein Tag hat nur 24 Stunden und so müssen Sie sich auf ein Medium konzentrieren, um die beste Rendite für Ihre Zeit und Mühe zu erhalten.

WELCHE ART VON GESCHÄFT

Ich schlage vor, dass Sie Geschäftsideen untersuchen, die wenig Platz benötigen. Das Ziel ist es, alle Ausgaben, die mit großen Geschäftsräumen einhergehen, wie Mieten, Stromrechnungen, etc. zu vermeiden. Jede Art von Restaurant, Bekleidungsgeschäft, etc. sind nicht für den potenziellen Unternehmer mit wenig Eigenkapital empfohlen.

Versuchen Sie dem Drang, dummen Trends des Augenblicks zu folgen, zu widerstehen. Konzentrieren Sie sich auf skalierbare Geschäftsideen, die den Menschen praktische Vorteile zu einem vernünftigen Preis bieten.

E-Books

Wenn Sie nützliche Informationen haben, die Sie mit anderen teilen können, ist dies ein guter Anhaltspunkt. Menschen werden für wertvolle Informationen, die sie relativ schnell nutzen können, gerne bezahlen.

Ich bin den Weg des Direktverkaufs über meine Website gegangen. Ich bin in der Lage, dies zu tun, da ich meine eigene Website habe und ich den Profit meiner Arbeit für mich behalten wollte. Jedoch ist mein Buch trotzdem auf einigen anderen Seiten erhältlich, aber der Großteil meiner Verkäufe werden von meiner eigenen Website erzeugt.

Webinare – Online-Kurse

Die Abhaltung bezahlter Webinare, Kurse usw. Menschen zahlen hier direkt für den Zugang zu Ihrem Wissen. Ich habe Menschen bereits weltweit trainiert, das ist sowohl lukrativ als auch persönlich befriedigend. Sie werden ein Gefühl der Zufriedenheit fühlen, wenn Sie feststellen, dass Sie jemandem bei der Lösung eines Problems geholfen oder ihm neue Möglichkeiten eröffnet haben.

Beratung

Menschen werden für Ihr Wissen bezahlen, wenn Sie demonstrieren können, wie Ihr Wissen und Ihre Fähigkeiten ihnen zugutekommen können. Ich arbeite daran Menschen praktische Informationen über die Kapitalmärkte zu liefern und spreche mit ihnen über die Realität der Gründung eines Unternehmens mit begrenztem Barvermögen

NÄCHSTER SCHRITT

Wenn Sie bereit sind zu beginnen – Kontaktieren Sie mich

Ich hoffe aufrichtig, dass dieser praktische und kurze Leitfaden für Sie von Vorteil war. Mir ist jedoch auch klar, dass ein E-Guide unter einigen Einschränkungen leidet. Für diejenigen, die sich noch mehr praxisorientiertes Coaching wünschen, kontaktieren Sie mich bitte unter: gcmsonline.info. Es gibt auch eine Helpdesk-Funktion, bei der ich oder meine Kollegen direkt auf Ihre geschäftlichen Herausforderungen eingehen.

SWOT-ANALYSE

Diese SWOT-Analyse kann als Referenz verwendet werden. Ich habe diese im ersten Jahr meiner Firma verwendet. Ein paar Details bleiben zwar geheim, aber vieles, was ich persönlich zum Start von GCMS untersucht habe, steht Ihnen zur Überprüfung offen.

Standort des Hauptsitzes

Der Hauptsitz des Unternehmens befindet sich in Kopenhagen.

SWOT-Analyse

Stärken

- **Management:** Unsere Führungskräfte sind international erfahren und auf ihrem Fachgebiet hochqualifiziert.
- **Sachkundiges Personal:** Zu unserem Beratungspool gehören einige der besten in der Branche.
- **Klare Vision des Marktbedürfnisses:** GCMS kennt seine potenziellen Kunden (Privathändler, große und mittlere Finanzinstitute)

Schwächen

- **Finanzierung:** Der vorläufige Überblick über die Ausgaben lässt darauf schließen, dass GCMS finanziell stabil bleiben wird. Unvorhergesehene Ausgaben oder schlechter Kapitalzufluss aus dem Verkauf könnten jedoch die Cash-Position gefährden, die im ersten Jahr besonders gefährdet sein wird.

- **Begrenztes Personal:** Obwohl die Mitarbeiter von GCMS außergewöhnlich sind, werden sie im ersten Jahr mit langen Stunden und geringem Gehalt konfrontiert sein.

Chancen

- **Marktwachstum:** Der wachsende Trend der Finanzbranche und der sich entwickelnden Markt im Allgemeinen wird die Anzahl potenzieller Kunden für unsere Dienstleistungen erhöhen. Nach der Stabilisierung wird sich GCMS auf die Expansion unserer Märkte konzentrieren.
- **Potenzial für internationales Wachstum:** Wenn sich GCMS etabliert und finanzielle Stabilität gewinnt, kann es damit beginnen, seine Dienstleistungen in verschiedenen Entwicklungsländern zu vermarkten. GCMS hat diese Kampagne gestartet und wir haben bereits eine physische Präsenz auf drei Kontinenten. Wir werden unsere Kommunikation zusätzlich zum Internet diversifizieren.
- **Potenzial, der führende Anbieter zu werden:** GCMS verfügt nicht nur über das Management und die Mitarbeiter, sondern auch über eine skalierbare Strategie, mit der eine nachhaltige Wachstumsplattform aufgebaut werden kann.

Bedrohungen

- **Lokaler Wettbewerb:** Es gibt keinen anderen Anbieter unserer Dienstleistungen in Kopenhagen oder in unseren Zielmärkten.
- **Aufstrebende lokale Wettbewerber:** Derzeit genießt GCMS einen First-Mover-Vorteil in den lokalen Märkten. Es könnte jedoch sein, dass die Konkurrenz am Horizont steht, und wir sind auf ihren Einstieg vorbereitet. Viele unserer Programme basieren auf Fachwissen und <u>persönlichen Kontakten, die anderen einfach nicht zur Verfügung stehen</u>.

- **Gesetze, Vorschriften, Richtlinien:** Jegliche neue gesetzliche Anforderung, an die sich GCMS möglicherweise anpassen muss.
- **Konjunkturabschwung:** Unvorhergesehene wirtschaftliche Rezession oder Tragödien wie der 11. September würden die verfügbaren Einkommen verringern.

Vision

GCMS verfügt über das Potenzial und plant, weltweit der führende Anbieter von Bildung und Beratung im Kapitalmarkt zu werden.

PROFIL DES AUTORS

Wayne Walker ist der Direktor einer globalen Kapitalmarktbildungs- und Beratungsfirma (gcmsonline.info). Er verfügt über langjährige Erfahrung in der Leitung und dem Coaching von Teams von Anlageberatern und hat in der Privatkundengruppe auf der Grundlage von Bench Mark Earnings (BME) Teams mit Spitzenleistungen geleitet. Herr Walker hat Trader des Citi-FX Pro-Programms in London geschult. Er entwickelte außerdem das 'Trading Rights'-Programm bei der Saxo Bank, das von Investmentberater abgeschlossen werden mussten, bevor sie Handel treiben durften. Er ist ein zertifizierter Händler nach der EU-Richtlinie Markets in Financial Instrument Directive (MiFID) und er ist qualifiziert, „A"-Kunden zu beraten.

Herr Walker ist ein häufig eingeladener Gast-Kommentator für Kapitalmärkte in mehreren internationalen Live-TV- und Radioprogrammen.

Herr Walker verfügt über mehrere Zertifizierungen und war in folgenden Positionen tätig:

- Director-Founder, (GCMS) Global Capital Market Solutions, Dänemark
- Autor des *Reality Based Trading Guide (wird in unseren Kursen an der Copenhagen Business School und anderen Universitäten in der EU verwendet)*
- Manager, Sales Trader, Nordamerika & Naher Osten, Saxo Bank, Dänemark
- B. sc. State University of New York, College in Buffalo, USA
- NASD Series 3 - Lizenz zum Handel und Beratung über Futures-Kontrakte im US-Markt
- ACI (Financial Markets) Dealing Certificate - bestanden mit Auszeichnung (höchste Stufe), Frankreich
- Geschult in Bloomberg und der Angebotssoftware FX Options der UBS Bank

www.ingramcontent.com/pod-product-compliance
Lightning Source LLC
Chambersburg PA
CBHW070858220526
45466CB00005B/2035